해저 스크린

해저 스크린

신명옥 시집

시인의 말

    영원과 놀던 시절 떠올라

    아름드리 팽나무 숲에 누워 그늘에 감도는 느리고 깊은 숨소리 듣던 날

    경포해변에 앉아 뭉게구름이 펼치는 그레고르 드라마 감상하던 날

    함박눈 내리는 반달마을에서 천왕성마을까지 걸어가던 날

    처음 어머니와 기차 타고 외가에 가던 날

    진열장에서 반질거리는 모닝빵

    티라미수 향에 실려 오는 '집시의 노래'가 시선을 안으로 안으로 불러와

    고요하고 평화로운 의자와 마주하는 날

    나 없고, 영원 없고, 순간 있는 날

    운동과 정지의 반복 속에서 시간의 손바닥 맴도는 드라마

    늙지 않는 유리창이 물끄러미 보고 있지

차 례

● 시인의 말

제1부

해저 스크린 ——— 12

별점을 치다 ——— 14

0에 관하여 ——— 15

플라스틱 탄알 ——— 16

달의 시그널 ——— 18

돈 후앙과의 대화 ——— 20

흰눈썹황금새 ——— 22

꽃게의 수도원 ——— 24

수월관음도 ——— 25

학란鶴蘭꽃들의 우파니샤드 ——— 26

사천왕 붉은 눈 ——— 28

반가사유상 ——— 30

고광나무에 달꽃이 피었다 지는 동안 ——— 32

제2부

수목장樹木葬 ──── 36
종이장판 위의 스텝 ──── 38
공놀이 ──── 40
물의 여행 ──── 42
피그말리온의 연인 ──── 44
변증법적 갈등 ──── 46
자전거 타기 ──── 47
끝나지 않을 ──── 48
활강 비행을 즐기다 ──── 49
생각하는 사람 ──── 50
머플러라고 부르는 새 ──── 52
모자 위의 밀잠자리 ──── 54
카페 르땅 ──── 56
날개를 펴기 위한 주문 ──── 57

제3부

안스리움 ——— 60
플라토닉러브 ——— 62
초은당招隱堂 ——— 64
매미 ——— 66
특이점 ——— 68
라이벌 ——— 70
뉘죠? ——— 72
타짜 ——— 73
물왕리物旺里 저수지 ——— 74
노래하는 사람 ——— 76
쿠마의 무녀처럼 ——— 78
여기가 거기 아닌가? ——— 80
모과나무와 나-無 ——— 82
갈참나무 성전 ——— 83
시간 여행자의 통로 ——— 84

제4부

스윙스윙 ──── 88

빙하 협곡 ──── 90

147페이지 ──── 91

데카르트의 좌표 ──── 92

정체성 찾기 ──── 94

그대를 생각해 ──── 96

어슬렁어슬렁 ──── 98

신명옥의 휴가 ──── 100

수저 ──── 102

천원짜리 기획 ──── 104

육소기다 정묘체 肉少氣多 精妙體 ──── 106

밍기뉴 귀환하다 ──── 108

돌멩이와 핀 ──── 110

예술가 히아신스 ──── 111

나 없고, 영원 없고, 순간 있는 날 ──── 112

▨ 신명옥의 시세계 | 전소영 ──── 117

제1부

해저 스크린

　저는 해저에 가라앉은 배올시다. 세상을 보이는 대로밖에 볼 줄 몰랐기 때문입지요. 이곳은 화산섬인 산살바도르 옆쪽이거나 사마나 산호초 섬 뒤편일지 모릅니다. 석회질이 하얀 이끼처럼 바위를 두껍게 둘러싸고 있습니다. 삼백오십 년 깨어나지 않는 코끼리거북이가 보입니다

　보는 법 익히고 있습니다. 어른거리는 물그림자와 어둠이 반복됩니다. 붉은 게가 눈을 잠망경처럼 뽑고 달아납니다. 그 뒤를 다리 잘린 문어가 기어갑니다. 바라쿠다가 날카로운 이빨로 달려듭니다. 놀란 몸짓만큼 물의 지느러미도 출렁입니다. 물결 따라 바위가 움직입니다. 코끼리거북이가 바위를 올라갑니다

　제가 일으킨 소용돌이 보입니다. 공기에도 지느러미가 있는 것을 알겠습니다. 빨갛고 파란 사슴뿔산호 사이로 열대어 떼, 둥글게 말리며 모여들다 흩어지고 어디론가 몰려갑니다. 물의 지느러미를 코끼리거북이가 따라갑니다

사유의 프로펠러 돌기 시작합니다. 제가 일으킨 파장을 보았습지요. 가야 할 곳 떠오릅니다. 백상어섬 살금살금 지나, 난파선 무덤을 돌아, 캄캄한 맹그로브 숲을 빠져나가고 있습니다. 빛의 지느러미로 어둠의 안쪽을 읽는, 달의 마을 찬드라푸르에 닿을 것입니다

별점을 치다

그 남자는 바빌로니아 점성술책을 넘기며 말한다
별자리를 보면 운명을 알 수 있다고
내 별자리인 사자자리 별점 들여다본다
태양이 뜨거나 달이 지는 것처럼 별의 관계로 시작된 인연
새벽하늘에 혜성이 나타나고
고비사막에 비가 내리는 것은
때가 되어야 찾아오는 것
나를 세우고 무너지게 하는 것이 별자리 힘이라면
나를 가두는 불안의 미궁도
내가 오르는 갈망의 언덕도
나의 의지로 가는 것이 아니구나
벗어날 수 없는 별자리와 나의 숙명을
그 남자는 델포이신탁 같은 말로 설명하는데
어둠 속에서 내려다보는 별들이 내 영혼의 본체라면
이제 내 발목을 묶은 두려움의 매듭을 풀 것이다
빛과 어둠을 동시에 주는 별들이 바라는 바도 그럴 것이다

0에 관하여

모든 생명력이 줄어들어 죽음에 가까워질 때
0은 나를 찾아오지
마음은 땅 위에 두고 몸은 지하에 묻은 채
0 속에 들어간 나
기억은 연기가 되어 공중으로 날아가고
몸은 어둠 속에서 서서히 분해되지
살아 있으면서 0이 되는 꿈을 꾸고 있지
언제나 느껴지는, 흔들리는 존재와 홀로라는 수
하나에서 하나를 빼기 위해
나라는 욕망 내려놓고
꿈틀거리는 기억 뽑아놓고
아무것도 보이지 않고 들리지 않을 때까지
0 속으로 들어가지
처음엔 불안하고 두려워 어쩔 줄 모르지만
그것마저 놓아버릴 때
무한하고 영원하며 모든 것과 통하는,
비로소 본래의 0이 드러난다지

플라스틱 탄알

　내 영혼이 총에 맞았다
　언어의 밀렵꾼들이 총으로 쏘고 간 뒤 쓰러진 나는 깨어날 줄 모른다
　퇴락한 사원의 기둥 같은 나무 돌며 生과 死의 틈에 정지된 영역 들여다본다
　엷은 햇살이 숲을 비춘다
　눈 쌓이고 녹는 동안 오색으로 빛나는 탄알들

　고공을 향하여 산딸나무 가지 딛고 오르던 나는
　빨강, 노랑, 초록, 색색의 탄알 속에 감추어진
　아수라계, 인간계, 축생계, 아귀계, 지옥계 맴돈다
　수억만 개 별을 품고도 끄떡없는 하늘은 고요하기만 하다

　돌풍이 낙엽 몰고 와서 흩어진 탄알을 묻어버릴 때까지
　숲을 돌며 내 안에 고인 어둠을 쓸어낸다
　투명한 햇살 내려와 생각에 잠긴 눈동자 두드린다
　나는 창공을 날아가는 매에게 마음을 얹는다
　언어의 날개 빌려 탑을 쌓은 후 쓰러진 시의 숲을 일으켜

세운다

달의 시그널

새벽 거리 지날 때 서쪽 산 위에 가늘게 뜬 달이 보입니다. 서늘한 기운이 주위에 감돕니다. 먼 능선에서 뻗어온 어둡고 푸른빛이 내 그림자를 따라옵니다.

태양이 떠올라도 캄캄하기만 합니다. 더듬어보아도 다음 세계로 가는 길이 보이지 않습니다.

시간 흐를수록 숨이 막힙니다. 골목 걷다 막다른 곳에서 낮달과 마주칩니다. 사거리에서 머뭇거릴 때 나타납니다. 달이 점점 커집니다. 악몽에서 깬 새벽. 어둠이 내 안에 기르는 것들을 비춥니다.

평온을 찢고 들어와 우울을 키우는 코브라, 시간을 붉은 말에 태우고 채찍을 휘두르는 사자, 고요가 깃든 자리에 천 개의 종을 흔드는 독수리.

보름달 떠오르자 괴물에 시달려 길 잃은 내가 보입니다. 나를 괴롭히는 음영들은 또 다른 나의 모습, 돌아보지 않은

분신들입니다. 괴물들을 제자리 돌려보내고 마음자리 찾아가라고 달빛이 다음 세계로 가는 길을 비추고 있습니다.

돈 후앙*과의 대화

어디로 가야 할지 헤매고 있을 때
당신을 꿈에서 만났다
장밋빛 벨루어천에 아라비아문자가 적힌 상자를 나에게 주었다
오래전 상자가 열리지 않아 떠돌았던 날들 떠오른다
끝내 그 상자는 열리지 않고 짙은 그늘을 남겨놓았다
저 부드러움과 신비함 속에 어떤 상형문자가 들어 있을까
나는 올리브유와 석청에 티티새의 가슴털 섞으며 주문 외운다
붉은 향료 뿌리고 뚜껑을 시계방향으로 문질러도
상자는 생각에 잠겨 있다
대단한 비밀 갖고 있어서 의식의 순서가 틀리거나
정성이 조금이라도 모자란다면 결코 열리지 않을 것처럼
만월 뜨는 날 세 개의 검은 돌 위에 상자를 얹고
푸른 글씨로 쓴 주문을 촛불에 사른다
아홉 번 경배 드린 후, 머리카락 잘라 금실로 묶어 올려놓았을 때
마법의 룬문자가 뚜껑 위에 잠시 나왔다가 사라지며

상자가 열렸다, 신탁에는 마음이 담긴 길 따라가라 적혀 있었다

* 돈 후앙 마투스 : 카를로스 카스타네다가 만난 인디언 마법사.

흰눈썹황금새

그래요, 우울의 잠에서 깨어나요, 훈훈한 바람이 사는 바다 건너 사트바*해안에 가기로 해요

항해를 고통의 늪으로 만드는 건, 심층상어들의 출몰이지요
너울성파도가 일어나면 바다는 공포의 수렁으로 변했어요

수면 아래 엎드려 있는 동안 내 안의 묘지, 휘파람새와 함박눈이 찾아와도 몰랐지요, 나는 상어의 등에 날카로운 작살을 꽂았어요

무덤을 열었어요, 상처가 눈을 떴어요, 그래요 짓눌린 기억을 놓아주었어요, 잠에서 깨어난 흰눈썹황금새가 보이나요, 날개 움직여 봐요

바랭이 수풀에서 비자나무 언덕으로, 홀가분하게 길을 가는 행자처럼, 하늘색 모시바람을 타고 무하유無何有* 숲으로 날아가 봐요

* 사트바 : 갈수록 영적이고 내적인 것으로 되는 수준.
* 무하유 : 어떠한 인위도 없는 자연 그대로의 세계.

꽃게의 수도원

왜 열 개의 다리는 마음보다 먼저 움직이는지
집게발의 움직임은 누군가에게 공포일 수 있는지
탐욕적으로 숏구치는 거품과
잡은 것을 결코 놓지 않는 집게발 잘라내고
시커먼 내장 빼낸다
등딱지 떼고 아가미 자른 후에도
남은 발들 로봇처럼 움직인다
저 끈질긴 본능까지 없애려
끓는 물속에 집어넣는다
드디어 게는 집착 버리고 새 빛깔 얻는다
빨갛게 익은 꽃게는 건드려도
적의를 드러내지 않는다
종신서원終身誓願 받는 자세로 점잖게 앉아 있다
묵언수행이 완성되었다
사람들은 수도가 잘 된 게라고
입맛 다시며 몰려들었다
게살 발라 먹으며 누구나 경배하게 되었다

수월관음도

단풍잎 한 장 들고 수월의 내면으로 들어갑니다
산국 향기 번지는 길을 걸으며
관음의 고요한 경지 느껴봅니다
누리장나무 붉은 꽃받침 속에 여문 씨앗이
푸른 눈망울 깜박입니다
발 앞에 툭툭 던져놓는 상수리 열매 보며
뜨거운 시간 거두어 익힌 나무의 꿈을 봅니다
산자락 통나무집 뜰에는
박각시들이 층층이꽃 위에서 날개를 빠르게 휘젓고
산 그림자가 이른 저녁을 몰고 옵니다
산비탈에 앉은 나를 노을이 한 장 단풍잎으로 물들이고
빛과 어둠 사이 갈라진 틈으로
거대한 적막이 밀려옵니다
어둠 속에서 별들이 하나 둘 찾아옵니다
풀벌레들이 적막 뚫고 제 이름을 외치고
탁탁 튀는 장작 속에서 불꽃이 타오릅니다
불빛 실은 풍등 하나 캄캄한 공중에 올라
어둠 너머로 날아가는 걸 지켜봅니다

학란鶴蘭꽃들의 우파니샤드

향기와 색채와 형체를 가진 존재가 되기 위해
하얀 부엉이의 깃털과
세계를 보는 눈과
음역이 높은 플루트를 구하였다
뿌리에 깃든 혼령들이 이승의 세계 찾아 나섰다
무한어둠 더듬어 침묵의 바다 건너
따스한 햇살과 맑은 공기 만났을 때
꽃대 끝 하얀 봉오리가 날개와 꼬리를 편다
동글게 말린 속잎이 세 개의 보랏빛 눈을 연다
눈부신 세상, 모시나비 떼 지어 날아다닌다
상앗빛 플루트 높이 들고
카시오페이아 별자리로 늘어서서 합주를 한다
  위에 있는 것이나 옆에 있는 것이나
  먼 데 있는 것이나 가까이 있는 것이나
  보이는 것이나 보이지 않는 것이나
  그 모든 것과 너는 무한한 사랑을 맺으라*
한나절 동안 꽃의 이름으로 노래하는 그들
날이 저물자 잠시 자신을 드러낸 위대한 힘이

왔던 곳으로 가듯

꽃잎을 둘둘 말아 뿌리로 돌아간다

* 타고르, 「생의 실현」에 나오는 구절.

사천왕 붉은 눈

마음이 시끄러워 조용한 곳을 찾아갑니다
수피 무늬 신비한 모과나무로 새들이 날아갑니다
사자상 위에 엎드린 동자승이 낮달맞이 합니다
석등 아래 촛불맨드라미가 연못 속 연밥 바라보는 동안
마음속 소리들이 묵언정진에 들고
애기해바라기가 금생今生 첫눈을 뜹니다
예불 목탁 소리에 법당 앞 바람꽃 귀 기울이는 새벽
내 안에서 꿈틀거리는 그림자가 보입니다
붉은 가사 걸친 스님이
범종 두드려 잠든 의식 깨우고
운판 두드려 날짐승 날려주고
법고 두드려 길짐승 풀어주고
목어 두드려 물짐승 놓아주고 나서야
적조전寂照殿에 누운 금동와불이 열반에 듭니다
드므에 담긴 물안개꽃이 잔잔히 웃는 삼소실三笑室 앞에서
능현스님은 사바세계로 돌아가는 손에 잘 익은 꽈리 쥐어 줍니다
　겨울 지나는 동안 부엌 창문에 놓인 꽈리 두 개가

마음사원에 다시 소음이 깃들지 않도록
사천왕 붉은 눈으로 지켜보고 있습니다

반가사유상

   연화대 위에 당신의 모습으로 앉아 지나온 시간 돌아봅니다
   백지에 첫 고백 적듯
   서리가 하얀 모슬린처럼 덮인 풀밭 걸어갑니다
   고마리 흰 꽃과 물봉선화 핀 산자락
   억겁의 시간은 오늘도 물소리 따라 세속으로 흘러갑니다
   계곡에서 잠자는 돌, 꿈꾸는 돌, 깨어 있는 돌들이
   내 안에 웅크린 생각의 응어리 같습니다
   나는 원하는 형상을 얻기 위해 마음 닦는 순례자입니다
   나는 돌 속에서 빠져나오려는 눈 뜬 뱀이며
   여의주를 바라는 이무기입니다
   붉은 심장과 푸른 정맥이 깨어나도록 돌의 가슴 문지르면
   내 안의 용이 하늘로 승천할까요
   검은 구름 사이로 엷은 미농지 같은 낮달이 떠 있습니다
   찬 기운에 풀죽은 코스모스를 석양 그림자가 쓰다듬고 갑니다
   구름 사이로 유리섬유 같은 햇빛이 쏟아집니다
   하늘에서 바람 불어오고 까치 한 마리 감나무 아래 종종

거리는 동안

  당신의 내면에서 오는 빛이 내 앞에 환한 길 열고 있습니다

  나는 이 길 걸어 당신의 화엄華嚴에 닿을 것입니다

고광나무에 달꽃이 피었다 지는 동안

문을 밀고 들어가자 대웅전이 보였어

대숲이 무성한 팔로 절을 품고 있었지

꽃전구처럼 반짝이는 화살나무 열매 아래

붉은 아주까리가 꿈꾸듯 달려 있고

왕관꽃이 환하게 웃고 있었어

처음 보는 화초 이름을 묻자

지나가던 스님이 솜다리라 말해주었지

잎이 박쥐날개 같은 박쥐란을 보고

풍선초 줄기에 매달린 풍선꽈리를 흔들고

으아리 보랏빛 신비색을 들여다보았어

뜰을 도는 동안 나무와 화초 이름 불렀을 뿐인데

영과 영이 대화를 나눈다는 생각 들었어

혈관에 따뜻한 기운 돌고

법열이 피어오르는 느낌이었어

백 년에 한번 핀다는 토란꽃 앞에서 깨달았지

내게 기쁨을 주는 꽃들이

미로를 더듬어 자기 안에 있는

진정한 나를 발견한 존재들의 참모습이란 생각

고광나무에 달꽃이 수없이 피었다 지고
서로 다른 문들이 무수히 열리고 닫히는 동안
내 뜰에는 흔들리지 않는 탑 한 채 지어졌어

제2부

수목장 樹木葬

지하 무덤 열자
어둠 속에서 이십칠 년 보낸 뼈가 드러났어
몇 가닥 남은 삼베 실이 흰 뼈를 감고 있었어
저승시간 벗어나
햇볕 쬐는 어머니 이빨이 웃고 있었어
흰 종이에 올려놓은 두개골 들고
검은 구멍만 남은 눈과 코와 귀를 더듬고
굽은 턱을 찾아 내 슬픈 입을 대어 보았어
내가 강아지처럼 살을 비빈 몸
아플 때마다 쓰다듬어주던 손마디를 모으고
배고픈 나를 먹인 가슴에 가만히 얼굴을 묻었어
등뼈를 맞춰 그 등에 업혀보고 싶었어
무릎 맞대어 놓자 옛집에서 뛰어노는 어머니
툇마루에서 공깃돌 굴리던 어린 시절 보고 있겠지
참 이상도 하지
감각이 없는 뼈를 만질 뿐인데
피가 도는 살처럼 포근했어
사랑한다는 것은 이런 느낌이었어

내 몸과 어머니의 몸이 하나라는 생각
　죽은 자의 뼈는 산 자의 뼈와 운명으로 이어져 있다는 생각
　내 뼈를 어머니도 만지고 있다는 생각이 들었어
　뼈를 태우고 갈아 청학산 솔숲에 뿌려도 괜찮아
　만지는 동안 어머니는 내 안에 돌아왔으니까

종이장판 위의 스텝

아버지는 고집스럽게 방마다 종이장판을 깔고
여러 겹 니스까지 발라놓는다
바닥은 반질거렸지만 작은 충격도 흡수하진 못한다
의자를 끌고 당길 때마다
의자 발에 걸려 니스가 벗겨지고 장판이 뜯어진다
패인 자리에 테이프를 붙이면
청소기가 테이프 모서리를 건드려 너덜거린다

조심성 없다고 큰소리칠 때마다
예민한 장판에 의지하여 지내고 있는
바퀴 달린 서랍장과
바닥과 천장을 떠받친 힘으로 서 있는 봉 옷걸이
네 발 달린 의자가
무안한 표정으로 바닥의 눈치를 본다

조심해도 얇은 장판은 자꾸 찢기는데
아버지는 여간해서 두툼한 장판으로 바꿀 것 같지 않다
어떤 집은 친환경원목을 깔기도 하는데

점점 길고 잘게 찢어지는 장판을 보며
무력하게 엎드려 있던 불안이
어느 날 부피를 견딜 수 없어 바닥을 들어올린다

공놀이

바다 위에 떠 있는 붉은 공 하나

강아지 밥을 주던 모자 쓴 까칠한 남자가
의자에 앉아 줄담배 피는 눈두덩 검은 여자가
불콰한 얼굴로 부둥켜안은 중년 남녀가
철망에 기댄 국적 다른 연인이
길거리에 나온 횟집 주인이
둑 위에 길게 정지한 채
함께 바라보는 저편

바다에 떠 있는 탱탱한 볼 하나
그 위로 날아가는 비행기
비행기 따라가는 물새 두 마리

어선 한 척
수평선 들어 올리며 다가오는 사이
능청스런 저녁이 공을 잡아 뒷주머니에 집어넣고
바다와 방파제와 철망을 가로질러 달아나는 저편

어둠 속으로 번지는 불빛

빛과 어둠이 공을 주고받는 동안
경계가 다른 生으로
수없이 나타났다 사라지는 얼굴들

물의 여행

모자 위에, 단추 솔기에, 콧등에,
달라붙는 얼음 알갱이
알고 보면 물의 변신일 뿐인데
하늘 향해 팔 흔들며 뱅그르 도는 사람들
굳은살 박인 건물 빠져나와
프림 뿌린 세상으로 달려간다
수많은 얼굴을 가진 둔갑술의 명수
저 H_2O의 화신이 내게도 왔었다
희고 부드러운 수동형의 모습으로
결코 변치 않을 연유 같은 눈빛으로
주위의 어둠 녹여버리자
세상은 칙칙한 벽지를 바꾸며 설탕 같은 표정을 짓는다
가지마다 풍성한 어깨를 올리고
벤치에 흰 방석 내어놓고
높아지는 바닥 디디며 인사 한다
눈발 굵어지는 동안 더욱 두터워졌으나
눈 떠보면 흔적 없이 사라졌다
본래 물이었다가 물로 돌아갔으니

꿈꾸었음을 감사할 뿐

수도꼭지 틀면 언제나 흐르는 물이

잠시 화장을 했으니, 물은 도처에 있으니

피그말리온의 연인

　바위에는 반질거리는 청동 피부, 고적한 얼굴로 앉아 있는 나신裸身의 여자* 연못 속 잉어, 별들의 고해성사 듣고 있다

　서쪽 노을 담배 연기 뿜으며 오늘도 서성이는 남자, 그녀의 균형 잡힌 몸매와 미모인지, 댑바람과 장대비에도 한결같은 자세인지, 오래 참고 시기하지 않고 성내지 않고 모든 것 들어주는 완벽하고 결점 없는 이상형理想型인지

　철책과 물에 가로막혀 더 이상 움직이지 못하는 관객에게, 사랑이란 극복될 수 없는 외로움이 상처 무릅쓰고 만나는 일

　욕망에서 실현까지 눈먼 기다림 가로질러, 그의 노을이 청동 심장 깨우도록, 그녀의 고독이 그를 돌아보도록

　연못 바라보며 깊이와 넓이 키우는 나날, 그녀의 이상형 되어, 그녀가 오래 참지 않고, 시기하고, 성내고, 수다 떨기

기다리는 시간

* 과천 현대미술관 연못에 있는 조각상.

변증법적 갈등

포도를 통째 달라는 A, 알알이 떼어 달라는 B의 주문 사이
포도를 먹는 방식
한 송이 포도로 A와 B를 만족시킬 방식

달다와 짜다로 반응하는 방식
겉이 희고 딱딱하고 각진 것으로 닮은 방식

소금과 설탕이 함께 녹아 절묘한 맛을 내는
아직 도달하지 못한 변증법적 방식

포도를 나누네, 반은 통째, 반은 알알이
A와 B에게 반대로 줄 때 어떤 반응 보일까 기대하면서
주문과 주문 사이 해답 찾는

자전거 타기

가파른 언덕을 내려가는 두 개의 은빛 테

튀어나온 돌에 부딪쳐 다른 방향으로 굴렀다

바퀴와 바퀴 사이 절벽이 생겼다

녹스는 부챗살 바라보는 동안

바람은 덧없이 새어 나간다

바퀴를 굴리는 일이 절벽을 벗어나는 길이구나

벼랑과 벼랑 사이 다리를 놓아라

안장을 세워 두 개의 둥근 테를 끼워라

출렁다리 건너 미끄러운 계곡 벗어날 때까지

멀리 바라보고 중심 잡아라

바람의 움직임 알아차려라

불빛 휘황한 빌딩 거리

초승달 위에 뜬 별들도 벼랑을 건너온다

왼쪽과 오른쪽 균형 잡고

부지런히 달빛에 물레를 저어라*

어둠 속에서 우 꼬살라 사야도의 목소리가 들린다

* 우 꼬살라 사야도의 『쉐우민의 스승들』에 나온 구절.

끝나지 않을

춤추며 내려와 꿈의 방식으로 세계를 바꾸는,
의도는 만만치 않으나 영토를 점령하기엔 문제 있다
눈에 덮인 세상은
하얗게 소리 지르며 살아 있다
사람들이 처음엔 떨리는 발자국으로 맞이하지만
교통이 마비되고 비닐하우스가 내려앉으면
제설차와 삽을 들고 눈과 전투를 시작한다
염화칼슘 뿌리고 길을 내느라 땀 흘리며
도로마다 격전을 치른다
태양이 뜨면 모든 것은 잠잠해진다
눈과 빛은 눈부심을 추구하지만
그것을 드러내는 기술이 다르다
무게의 부담을 해결하고 온기까지 획득한 빛에게
눈은 곧 두 팔 들고 항복한다
육각으로 만들어진 꿈의 구조를 분해하여
흔적조차 지우고 나면
사람들은 다시 눈의 기습을 기다린다

활강 비행을 즐기다

상상을 태우고 날아가는 행글라이더가 있지
홀로 멀고 높은 봉우리에 올라
날개 펼치고 절벽으로 뛰어내려보는 일
상승기류 타는 데는 그저 한 사람 떠올리면 되지
궤도를 이탈하려면
이인승 로켓을 이용하는 편이 빠르겠지만
종이비행기 타고 별나라에 가거나 우주복 없이 날아간
조종사들의 음속돌파 이후를 알고 있거든
날아가고 싶어 우울해지면
일인승 고정 날개 지고 산 위에 올라
발아래 펼쳐진 푸른 카펫 위로 착륙하면 돼
무릎 굽혀 발바닥이 지상에 닿을 때까지
바람 조종하여 오르내릴 때의 상쾌함이란
야호! 한 번쯤 크게 소리 지르는 것도 괜찮을 거야
어쩌다 고도 높여보았자
발목이 조금 시큰할 뿐이거든

생각하는 사람

파릇한 잎이 나오는 산책로
스텐 밥그릇 뚜껑으로 만든 돼지가 화단에 앉아 있다
눈처럼 쌓인 벚꽃을 밟는 것으로 마음 벅차니
장엄한 교회당 지나며 신의 형상 닮은 것에 감읍할까

이쪽과 저쪽, 위와 아래가 한 생각 차이라는데
너와 나 한 생각 평생 넘을 수 없다

하늘과 땅 사이, 너와 나 다르지 않으니
생각 지우는 것이 열반에 드는 길이라는 석가
나를 아는 것이 知의 시작이라는 소크라테스
4만 년 전 호모사피엔스 이래 생각은 우주를 날고 있는데

매화와 철쭉 틈에 쪼그리고 앉아 생각하는 사람*
돌이 된 침묵 만져본다, 차갑고 딱딱하다

그는 이곳에다 답답하고 무거운 생각 내려놓고
너와 나 하나 되는 無念에 든 것

* 생각하는 사람 : 과천미술관 언덕에 있는 석상.

머플러라고 부르는 새

오랫동안 나를 아프게 쪼아대던 새에게
머플러란 이름을 붙였다
그것을 잘 접어서 상자 속에 담고
뚜껑 꼭 덮었다
그것은 한동안 머플러로 있었다
머플러라고 부르는 동안
나는 새를 잊고 지냈지만
바람이 불 때마다
뚜껑 들썩거리며 푸드덕거렸다

빠져나가려는 깃을 쑤셔 넣을수록
내 삶은 점점 숨이 막혔고
나는 숨 쉬는 법부터 다시 배워야 했다
들숨과 날숨 사이에 끼어 있는
새를 꺼내기로 했다
뚜껑 열자 회오리바람 타고 솟구친다
허공 휘저으며 춤을 추는 머플러
점점 작은 새가 되어 능선 너머로 사라진다

머플러를 상자에 집어넣는 것이
나를 가두는 일이란 것을 알았다
새를 날려 보낸 금강 하구
고요해진 호흡 속으로
푸른 공중 날고 있는 내가 보인다

모자 위의 밀잠자리

밀잠자리 한 마리 내 모자에 앉는다
늪가를 함께 걷는다
모자를 벗었는데도 그대로 있다
내 모자가 흔들거리는 풀줄기거나
노 저어 가는 나룻배라 생각한 걸까
함께 걷는 동안
구름이 엎드려 늪을 들여다보고
고방오리는 갈대숲에서 자맥질한다

불현듯 까맣게 잊었던 날들
철없는 고방오리 새끼였던 시절과
가슴 부푼 구름이던 때가 되살아난다
나는 지금 단지 사람 모습을 하고 있을 뿐
잠자리가 되어
푸른 이끼가 석순처럼 매달린 바위 돌아
까치밥보다 붉은 노을 속으로
누군가의 어깨에 앉아 걷던 날 떠오른다

아직도 생생한

그의 옷깃에 붙어 있던 도깨비바늘들

내가 밀잠자리이었던 그때

카페 르땅

통나무를 밧줄로 꿰어 매단 선반
고대 문자가 적힌 가죽 책 몇 권
구릿빛 모형 마차에 반짝이는 청동 램프
꿈꾸는 승객 기다린다
포도줏빛 햇살 스며드는 창가에서
마차에 올라 갈색 빌로드 등받이에 기댄다
램프 뚜껑 문지르며 먼 나라로 달리는 오후
배꼽티에 골반 바지 입은 여학생들 몰려와
푸른 귀걸이 흔들며 달콤한 시간 주문한다
수염 긴 남자가 나르는 차 향기와 실내에 퍼지는 음악이
후후 바람 불어 부푼 마음 공중에 띄운다
유리병 속 청포도 송이가 탱글탱글한 눈 굴리고
눈동자마다 색색 플라이가이들 춤추는데
마차에서 내리는 순간 환영 사라지고
부푼 가슴은 어디서부터 바람이 새는 걸까

날개를 펴기 위한 주문

함박눈이 숲 속에 하얀 창호지를 깔았다
경건한 의식 치르듯 발걸음 내딛는다
가는 철삿줄처럼 이어진 새 발자국 따라
내 호흡 소리가 숲을 깨운다
끊어진 철삿줄, 새가 날아간 자리에서
나를 묶은 철삿줄 끊어 보려고
아름드리 방울나무 둘레 돈다
두 팔 펼치고 폴짝거리다 미끄러진다
새 날아간 자리로
하늘길 깊숙이 들어와 있다
누군가 나를 지켜본다
보이지 않아도 서로 닿는다
그에게 말을 걸자 그가 침묵으로 응답한다
그와 호흡이 같아지는 순간
그가 내 안의 주인공임을 아는 순간
질긴 철삿줄 끊고 내 안의 새가 날고 있다
날기에 익숙해지면 바닥에 묶인 내 발자국
나무 밑동에서 자주 끊어질 것이다

제3부

안스리움

그녀가 출가(出嫁)했다. 함께 살아온 침대와 책상, 쓰던 것들 그대론데, 내 안에서 환한 기운 빠져나갔다

화원 앞 지나다 잎과 꽃이 하트형인 안스리움, 꽃잎이 싱싱해서 두 팔에 안고 왔다, 낯선 곳에서도 새록새록 나오는 잎, 윤기 흐르는 잎에 비친다, 홀로 두고 온 어머니

어머니에게 받은 낙원(樂園) 딸에게 건넸다, 출가란 또 하나의 낙원 이루는 일

그날 어머니도 내게서 출가했다. 출가란 불문(不問)의 세계에서 나를 비우고 타자와 하나 되는 일

잠시 세상에 머무는 목숨들, 본래 나 없고 내 것 없으니
지금 곁에 피어나는 안스리움, 이 아름다운 순간 즐겨야 하는 것이니

두루마리처럼 말린 잎 펼치는 하트 사인, 내 곁에 있는

그녀에게, 나도 두 팔 올려 응답한다

플라토닉 러브

 사랑을 가장 높은 곳에 둔다 말했네, 친구들이 비시대적이라고, 비현실적 몽상일 뿐이라고 설득했네, 슬프지만 시대를 인정했네

 한 영혼 본 순간 사랑에 빠졌으나, 팔만 육천사백 시간 철저한 침묵, 감격을 숨긴 채 품고 사는 사람 보았네

 상대가 존재하는 것으로 행복한 사랑이란, 자족自足의 차원, 뭐라 반박할 수 없었네, 신념이 담긴 눈을 보며 감동이 가슴을 통과했으므로, 진정한 사랑이란 신적인 믿음에 가까우므로

 디오티마*는, 사랑이란 자신을 위해서 가장 좋은 것을 원하는 것이지요, 육체로나 심령으로나, 아름다운 것 속에서 잉태하는 것이에요, 우리의 본성이 그 속에서 예술을 낳고 싶은 것이랍니다, 영원히 사는 일이지요

 사랑을 가장 높은 곳에 둔 자, 심령의 아름다움을 볼 수

있다지요, 美의 큰 바다로 나가 知를 배우고, 진리를 터득한다지요, 그때 눈뜬 본성의 아름다움이란, 그 자체 영원한, 변함없이 그대로인 것이라지요

 좁은 곳에서 살았네, 다른 세계 알지 못했으므로, 나는 다시 떠나네, 보다 높은 전망前望을 위해, 한 발 한 발 등정 중이라네, 美 그 자체 영원한 것의 잉태를 향해

* 디오티마 : 플라톤의 향연에 나오는 여자 예언자.

초은당招隱堂*

평상심의 자리가 있다고요? 그곳을 못 찾아 두려움과 불안에 지배당한다고요? 어떤 곳이지요?

붉은 대문, 석벽 타고 쏟아지는 폭포, 연못가 화초들, 돌계단 오르면 넓은 잔디 품고 정좌한 기와집, 키 큰 적송들이 감싸고 있네

난간 위에는 이천 개의 토우土偶
— 뒹구는 이, 달리는 이, 기어가는 이, 물구나무선 者, 절하는 者, 춤추는 者

저곳을 겨우 빠져나와 뜰을 거니네, 튀어나온 다람쥐에 놀라 담장 밖 세상 잊어버리네, 招隱堂 마루 앉아 툭 트인 하늘 보네, 여기가 평상심平常心의 자리?

고요 자체인 나, 우주와 하나 된 자리, 여기 머물기 위해 담장 밖으로 넘어가는 생각 모른다 하네

* 招隱堂 : 은자들을 초대하는 집.

매미

 매미채 피하다 나무에 부딪쳤어, 바닥에 뒤집힌 채 맴돌아 지쳐갈 때, 그가 나를 루브라참나무에 올려주었지

 그의 눈이 말했어, 더 높이 올라가 제발!―나를 잡는 것이 매미채에게 선善이라면, 내게는 잡히지 않는 것이 선善이겠지

 높은 곳에서 공원을 보네, 아이들은 매미 날개 떼며 킬킬거리네,―善과 惡이 함께 있는 곳, 그들이 왜 똑같이 검은 눈동자일까

 낮은 곳에 앉은 매미, 수없이 잡히네, 긴 어둠의 시간 건너 얻은 날개, 비상飛翔의 한 달 채우지 못하네, 잡히지 않는 것이 매미의 선善임을 모르므로, 낮은 곳과 높은 곳의 차이를 알지 못하므로

 놀이터 몇 바퀴 돌아, 상수리나무 우듬지에 앉네,―선과 악의 손이 닿지 않는 높이를 알았네, 나는 푸른 잎에 가려

보이지 않을 것이네

특이점

접시 위에서 벌어지는 낙지의 혼무, 잘린 몸 이어보려는 절규의 훌라댄스

빛도 빠져나올 수 없는 특이점으로 사라진 아버지, 단호한 침묵 앞에 나약하고 보잘것없는 나, 잘린 낙지처럼 허우적거렸다

주어진 시간 벗어나려고 神들의 문을 두드렸으나 불멸의 기도문은 없어
 지렁이 한 마리, 풀 한 포기, 목숨 지닌 모든 동료에게 경배 드렸다

잡다한 일상의 수레 끌고 가느라 무뎌진 것이다, 조금이라도 더 살아 있기 위해 독해진 것이다, 우주의 법칙에 수긍한 것이다

낙지는 성질이 달고 순하여 몸에 좋다는 말에 꿈틀거리는 동료를 맛있게 바라본다, 빛조차 다가갈 수 없는 특이점

안에 한 점 더 넣으려고 접시에 붙은 흡반 뜯어 짓씹는다

　발버둥치는 타자의 고통에서 내 몸의 생존 에너지 얻고 있는 나, 진화가 적응 능력이라면 나는 대단히 진화한 셈

라이벌

 백수의 왕인 사자는 모든 것이 제자리에 있을 때 평온하대요, 손톱깎이는 둘째 서랍에, 보온병은 셋째 칸에 있어야 하지요, 그를 뒤집고 싶으면 식사 시간과 취침 시간을 어기든지, 신발 한 짝 엎어 놓거나, 우윳잔을 티브이 위에 얹어 두면 되지요

 질서를 고집하는 것에 단점보다 장점이 훨씬 더 많대요, 건강과 안녕을 위해서라지요

 사자의 새끼는 사물을 늘 같은 곳에 두는 건 감금이라 생각한대요, 양말을 가위로 오려 발가락과 뒤꿈치를 풀어주거나, 바지에 아크릴물감 묻히고, 티셔츠에 담배 구멍 뚫어야 입는 맛이 난대요, 낯설게 해주거나 자유롭게 해주는 것에 대단한 기쁨을 느끼나 봐요

 그가 풀어준 것들이 지금 어느 곳을 떠돌지, 가끔 핸드폰과 가방이 길을 물어 찾아오기도 하지요

그래요, 두 맹수, 만나면 으르렁거리지요, 오랜 자기 보존의 지혜로 상대방 영역이 표시된 곳은 가급적 피하면서요

　"한 겁이 86억 4천만 년이라고, 사십 리 鐵城 안에 겨자씨를 가득 채우고 백 년에 한 알씩 다 꺼내도 한 겁이 끝나지 않는다고, 사방 사십 리 바위를 백 년에 한 번씩 엷은 옷으로 스쳐, 돌이 다 닳아 없어져도 끝나지 않는다고"

　8천 겁이 이룬 이 지독한 인연을, 이 어마어마한 차이를 어쩌지요

뉘죠?

천 개의 눈을 안으로 돌리고
천 개의 혀 말아 입천장 대고
천 개의 귀를 하나로 모은다
캄캄한 구석에서 불쑥 튀어나오는
분노의 나, 후회의 나, 고통의 나
너는 누구지?
모른다 하며 고개 젓고
무념無念, 무상無想 고요에 든다
차곡차곡 접힌 지난날을 들추고
슬픈 기억이 문을 밀고 들어오면
왜 이대로 머물 수 없는지
왜 계속 無我가 아닌지
이 끝없는 미로에서 벗어나는 법은
생각과 감정이 나타나는 순간
모른다, 모른다, 모른다

타짜

   高手들 들어간다, 늪 건너 물보라 폭포 지나간다, 능동적 사냥술과 수동적 사냥술 사이, 어른거리는 사냥감 찾아

   그가 밀림 지켜본다, 靈感이 오기를, 數 읽히기를, 졸음과 조급함 누르며 어떤 순간도 깨어 있기를

   수평선 넘어 고래잡이 돌아오는 새벽, 삼나무 가지에 흰 꼬리사슴뿔 보이고, 곰바위 뒤 참수리 날아오를 때

   한순간 진리를 깨우친 사람처럼, 모든 것 걸고 판에 뛰어든다, 마지막 패 하나가 몽땅 거머쥔다, 한 개의 화살로 최적의 기회 포획한 자

   노란 가로등이 천 개의 달로 떠 있는 포구, 붉은 눈들이 타짜에게 엎드린다, 그가 쏘아보고 돌아선다, 탁자에 펼쳐진 밀림 속으로

물왕리物旺里 저수지

캄캄한 물 밑에 가라앉은 가시연 열매,
 수면 위로 올라가고 싶어, 뛰어든 무당두꺼비에게 가는 길 물었다

 —뒷발을 차라는, 수초 타고 올라가라는, 방식 따를 수 없다

 뿔 달린 투구에 가시갑옷과 가시방패 든다
 녹태 낀 늪도, 진흙탕 떠도는 날도
 물속에 뿌리 내리려는 몸부림으로 버틴다

 뿌리가 밀어올린 대궁 타고 물 위에 나온 가시연봉오리
 긴 六道 어둠 벗어나, 오그린 잎에 소나기 받아놓고 두 손 모은다

 징검다리 건너오는 햇살 속에서 가시껍질 툭툭 벗는 보랏빛 꽃송이
 붕어마름 위로 나는 노랑부리백로 보며 위없는* 세상 보

고 있다

* 위없는 : 그 위를 넘는 것이 없을 정도로 가장 높고 좋은.

노래하는 사람*

상상을 붙들고 긴 몽로夢路 걸어간다
일상과 꿈이 숨바꼭질하느라
두 발이 땅에서 떨어질 때마다 뒤뚱거렸다

살아가는 만큼 작아지는 나, 거인 같던 마음의 키가 줄어들었다

내 안에 살던 거인을 부른다
침묵하는 하늘 향하여, 보이지 않는 그를 향하여

캄캄한 바닷속에서 들려오는 혹등고래 울음소리 같은,
박쥐 떼들의 비상이 흔들어놓은 깊은 동굴의 울림 같은,

노래 소리 들린다, 소나무 숲에 서늘한 바람 휘돈다
잔디에 두 발 벌리고 하늘 향해 고개 젖힌 거인

수면 아래 잠긴 이름을 깨운다, 건너편 숲에서
재두루미 천천히 날아온다

기도 같은, 독백 같은 노래 따라 거인을 돈다, 눈 내리는 밤
상상만으로 즐겁던 시절로 돌아간다

* 노래하는 사람 : 과천미술관 뜰에 있음.

쿠마의 무녀처럼

언뜻 잠들었나
할머니를 팔에 눕히고 혼곤한 잠을 받드는 몽상
―할머니 그만 일어나세요
―나는 죽고 싶어
쿠마의 무녀처럼 대답하네

느티나무에 붙은 매미 껍질
천천히 흐르는 구름
울창한 매미 소리 들리는 한낮

헤라클레이토스는 삶과 죽음
깨어 있는 것과 잠들어 있는 것
청년과 노년이 같은 것이라는데
세계는 언제나 회전하고 있을 뿐이라는데

잠에서 깬 할머니, 일어나 앉네
지나가는 시간 물끄러미 보네
사라짐과 남음을 아는 눈으로, 손짓하네

―이제 충분하다

그녀를 아프게 하는 것 불면과 관절염이 아니라
나이와 주름살이 아니라, 미처 늙지 못한 마음

여기가 거기 아닌가?

　우주가 급팽창으로 출발했다면, 무한한 평행우주가 있고, 그 속에 수많은 내가 있을 거란다, 과학이 말하는 현상과 내가 사는 일상 사이

　자연 속에 초연한 나, 천적 앞에 我相 없는 나, 일상에 바지런한 나, 친구들과 쾌활한 나, 대소사 문제에 신중한 나를 불러놓고

　충만한 우주와 충분한 나를 가졌으니, 바라던 생을 원하는 대로 주어볼까

　허블망원경으로 우주를 관측하는 천문학자
　수도원에서 침묵 들여다보는 수도자
　잉카와 마야의 유물 찾아 고대 흔적 더듬는 고고학자
　꿈과 이상을 노래하는 시인

　혹은, 우주를 유람하는 여행자 되어 다른 태양계에서 사는 나를 만나러 갈까, 실재와 부재 넘나들며 원하는 삶 얼

마든지 살 수 있으니, 天國, 여기가 거기 아닌가?

모과나무와 나-無

  눈 쌓인 숲, 빈 가지에 걸린 모과 하나, 분홍꽃 피우던 얼룩무늬 나무가, 한 해의 굴곡 담아 내놓은 결실에 대하여

  긍정적으로-노랗게 익은, 향기로운, 팔뚝만한, 자유롭게 생긴
  부정적으로-차돌처럼 단단한, 떫고 시고 씁쓸한, 울뚝불뚝한

  마지막 열매 내려놓지 못하고 침묵에 든 나무, 모과나무라는 의식 속에 모과라는 이름의 열매만 열리고

  저 나무, 원하는 것이 모과 형상 아니므로, 최상의 향기에 어울리는 낯설고 경이로운 표현 찾아

  형식에 매이지 않으려는 발버둥으로, 한계에서 더 나아가려는 몸부림으로, 새로운 지평 열어줄 휴식을 위하여 다시 無로 회귀하는 나-無

갈참나무 성전

갈참나무 숲 걸어간다, 받은 것들 해마다 돌려주는 나무
 한 생 귀한 선물 받기만 한 나, 갚는 기쁨 누려보고 싶어 맴도는 시간

 툭— 무딘 영혼 깨우는 소리, 하늘 말씀 받드는 사제처럼 고개 숙여 떨어진 곳 살핀다

 무심해진 순간 낙엽 밑, 돌 틈, 의자 밑에 반질거리는 말씀, 사로잡혀 떠나지 못하는 나를, 움직이지 않는 존재로서 움직이는 나를 바라보고 있을 나무

 머리 때린 열매 주워 신탁神託 말씀 헤아린다

 —부질없는 것에 끌리지 말고, 주어진 그대로 소중한 본성에 충실하라
 —만물은 저절로 그렇게 된 것이므로, 때가 되면 저절로 익을 것이니

시간 여행자의 통로

깡마른 그녀가 길 묻는다
―단풍 따라 걷다 길을 놓쳤어, 아파트 길이 똑같은 것이 치매에 걸렸어
부끄러운 표정 아이 같아 숙연해진다

―노각나무다리 건너 감나무 집, 하늘에 별자리 칠판 걸려 있고, 천궁에 사는 별 얘기 들으며 잠들었는데, 감이 드름드름 익어갈 텐데, 모두 기다릴 텐데

언제부털까 나도 그곳으로 가는 길 잃고 불안과 근심의 惡道 헤매고 있다, 멀어지는 그녀 보며 깨닫는다

아하, 그곳, 생생한 기억과 간절한 憧憬이 두 개의 우주 끈처럼 교차할 때 빛보다 빠르게 건너곤 했다, 전생과 후생 팻말 앞에서 샛길 기웃대다 엉뚱한 생 떠돌기도 하고

숫자가 이어주는 都市의 길, 눈에 보이는 건물 벗어나, 니르바나 터널 지나야 다리 나온다, 길 놓친 것은, 마음 다

스러지 못하고 감정의 소용돌이에 빠졌기 때문

  그 여자 지금쯤 찾았을까, 새로 나온 별 이야기 나누며,
속 깊은 우물물 마시고, 두 눈에 생기 돌았을까

제4부

스윙스윙

 흩어졌다, 생각 나누며 울고 웃던 무리, 또 한 세계가 지나갔다

 먹청빛 스며드는 저녁, 떠나지 못한 아쉬움 데리고 호른과 전자기타 트럼펫이 연주하는 재즈의 선율 속으로

 스윙스윙, 유연하게 물결치는 약동의 리듬에게 ―오늘이 이렇게 흔들려도 괜찮을까?
 세로방 유리 속 굳은 관절 펴는 돌부처가 ―흔들림이란 새로운 환생의 시작이지

 스윙스윙, 불현듯 찾아오는 이완의 시간에게 ―오늘이 이렇게 경쾌해도 괜찮을까?
 통큰갤러리 앞 사색에 잠긴 소크라테스가 ―느끼지 못하는 삶은 산 것이 아니지

 골동품점 속에서 눈 뜨는 부엉이, 네 박자에 맞추어 고개 엔드, 어깨 엔드, 허리 엔드, 무릎 엔드 구리종이 딸랑거리

고 펼부채가 활짝

 점프! 점프! 손닿을 것 같은 구름 향해, 반짝이며 다가오는 소행성 향해

빙하 협곡

스마트폰 켠다, 멕시코 주술사 주문 외운다, ―분노의 노예 되지 말자, ―내 삶의 주인 되자, ―내면의 나를 만나자

허리가 고정된 침대 깨우고, 심장이 언 냉장고 설득하고, 얼굴을 숨긴 장롱 연다

비관과 낙관 오가며, 넘치는 것과 모자란 것 뒤섞으며, 서로 다른 감정의 고비사막, 편견의 빙하 협곡, 착각의 히말라야 산맥 넘는다

부딪치고 떠돈 거리만큼 깊어질 것
너는 너를, 나는 나를 아는 만큼 힘을 가질 것
있는 그대로를 받아들일 것

사막과 빙하가, 낮과 밤이, 절벽과 출렁다리가, 같은 장소에서 무사히 공존하게 될 때까지, 내면을 충만으로 비우게 될 때까지

147페이지

내 안에 숨은 나를 찾아간다, 스무 명 모인 저널치료시간
스케치북 빈 장 펼친다
─마음대로 낙서 하세요
백지 앞에서 머뭇대다 마구 긋는다
─뭐가 보이지요?
엉킨 실타래 같은 線 속에서 찾아낸다
그린 사람 눈에만 보이는
강물, 눈동자, 소용돌이, 별, 새, 계단, 숫자
─그림 보며 오 분간 쉬지 않고 뭐든지 쓰세요
떠오르지 않으니까 앞에 쓴 글 반복하면시
빠르게 쓴 글 돌아가며 읽는다
겉은 의젓한 사람, 웃으며 인사하던 사람
하나같이 눈물 흘린다
왜 그때 말하지 못했을까, 아픔에서 벗어날 줄 몰랐을까
사는 일이 감정의 연속극이므로
생각 없이 끄적거린 낙서 속에서 내가 외면한 나를 만난다
페이지 넘긴다, 저쪽 페이지에서 기다리는 나를 향하여
하얀 바탕에 숨어 있는 線을 위하여

데카르트의 좌표

비 온 뒤 하늘에 뭉게구름 뜨고 새 한 마리 구름 속 난다
생각과 감정 따라 열리는 공간에서, 새의 등 위에 앉은 그녀, 벽제(행) 버스에 탄 나를 내려다본다

한 무리의 사이클 동아리 지나간다, 산악회 버스 달린다

보다 크게 보다 넓게 살자던 다짐……
큰 원 그리며 지구 한 바퀴 돌지 못하고, 지도의 한 점 속에서 딸, 아내, 어머니, 할머니로 머물다, 한 (점)마저 떠난

창밖 바라보며 얼음 풀리면 어릴 때 살던 곳 가보자고, 흰머리 넘겨 빗고 깡마른 다리로 두 발 모아 계단 한 칸 뛰어내리던

謹弔버스 달린다, 삶과 죽음이 같은 길 간다, 달리는 이유 다를 뿐 목적지가 같다, 존재의 의미 파고들어도 나를 증명하는 것, 나는 숨 쉰다 고로 존재한다

운명의 가로축과 인연의 세로축을 벗어난 그녀, 시간과 공간의 주름을 접고 비틀며, 완전한 자유가 펼쳐진 영원 속을 마음껏 날고 있다

정체성 찾기
— 너 누구니?

팔 개월 지효에게 배달되었다

최첨단 글로벌 선물

배구공만 한 구체에 돋을새김 된 동물, 숫자, 도형

불 켜지는 숫자마다

1 드륵드륵 톱니바퀴 소리

2 토도독 버튼 소리

3 부릉부릉 자동차 소리

세모, 다이아몬드 튀어나와 외국어로 인사한다

오각형이 번쩍이며 작은 별 노래한다

—지효 눈 동그래지고 입 벌어진다

—소리 잠잠하니까 기어가서 슬쩍 손을 댄다

기계음 내며 제멋대로 구르는 괴물

—지효가 숨을 헐떡이며 도망친다

—멀리서 지켜본다

—만지고 도망치고 누르고 도망친다

[여러 개의 얼굴, 다양한 목소리, 돌발적인 움직임]

[먼저 공격하지 않는다]

[누르거나 건드리면 소리 낸다]

[전원 끄면 꼼짝 못한다]

그대를 생각해

그대가 물고기별자리 떠나 세 번째 행성 돌아
강원도 산골에 있는 나의 꿈속에 찾아왔을 때
나는 운행 멈춘 독수리별 안고 캄캄한 동굴에서 울고 있었어

그대가 말했어 '슬픔에게 너를 내주지 마'

내 몸에 구렁이처럼 감긴 슬픔 풀려고
우파니샤드 책장에 엎드려 경전 속 진리를 필사하였지

길 잃은 별들 제자리 찾기까지
몇 광년의 깨달음, 몇 킬로의 인내심, 몇 박자의 여유를 가져야 할까

슬픔을 잊고, 나를 잊고, 시간의 흐름조차 잊었을 때
끝나지 않을 것 같은 행간 열고 어둠 속에서 눈뜬 독수리 날아올랐어

기도가 닿은 걸까, 때가 되어 풀린 걸까
내가 누구인지 어떻게 살지 무엇을 할지
대답 들릴 때까지 놓아주지 않던 구렁이 스스로 사라졌어

나를 깨우는 목소리, 어둠을 건너는 힘이 되었지
슬픔은 나를 들여다보는 거울이 되어주었어

어슬렁어슬렁

  무릎 인대 늘어났다, 빠르기와 무게감이 성공의 척도라는 욕망에게, 통증이 머리에서 무릎으로 번지도록 외면한 집착에게, ―충격은 속도에 비례한다

  쏟아지는 정보가 수용되지 않아 가슴앓이 하는 편두통이, 좇아가느라 담 결린 옆구리가, ―여유는 비움에 비례한다

  바닥 짚고 일어서서 목발 잡는다, 절룩거리는 풍경 속으로 휠체어 탄 바람 지나간다, 맨 처음 두 발로 선 호모에렉투스 되어보는 날

  다리 없어도 때맞춰 핀 목백일홍, 무릎 쓰지 않아도 천년 서 있는 비자나무, 속도와 질량을 벗어난 세계에서, 새소리 들으며 노래 웅얼거린다

  눈 잃고 심안 얻은 후에야 ―'멈추어라 순간이여 너 정말 아름답구나' 환호하는 파우스트 생각나는 날

통증이 데려온 이곳 수호한다, 몸과 마음이 우주 리듬에 주파수 맞추고, 알파파* 세계로 걸음마 시작하는 날

* 알파파 : 초당秒當 8-13펄스의 뇌파전류. 쾌적하고 평화로운 기분.

신명옥의 휴가

나에게 오일 휴가 허락한다, 생각 따라 천의 모습으로 갈라지는 세계에서 마음이 지어내는 천의 허상에 시달렸으니

무심無心 꿈꾸며 심산유곡에 들어보도록, 회색 보살법복 입고 가야산 암자 순례하도록

홍류동계곡 바위와 나무에게 손짓하며 물소리 따라 걷는다, 인적 없는 산길, 낯선 암자 묵으며, 너럭바위 위에서 맑은 대기 들이마신다, 바위틈 소나무에게 중심 잡는 법, 지나가는 바람에게 자유로워지는 법 다시 묻는다

낙화담 출렁다리 위에서 자연과 하나 무상無想으로 서 있는 나, 두려움이 사라졌다. 닦아놓은 삼매의 계단 때문인가, 감정의 비바람에 숙성된 나이테 탓인가

무위無爲 꿈꾸며 심산유곡 거닐다 갓과 신 벗어두고 선계仙界로 넘어간 최치원 선생, 농산정籠山亭에서 만나다

나에게 귀가 명령한다, 보아야 할 것 들어야 할 것 많아 경계 넘을 수 없다, 지금 머물 자리는 인간계人間界의 틀 속에서 무無의 세계 초연히 바라보는 일

수저

 붉은 장미가 새겨진 수저, 지구가 음각된 수저, 무늬 없는 방짜 수저, 인디언 방패가 그려진 수저

 장밋빛 하루 주문한다, 장미 한 송이에 오늘을 기대며, 눈 감고 수저를 잡는다

 새벽이면 화투장 뒤집어 보던 어머니, 소나무 잎 세던 외할아버지, 날마다 패를 떼어보셨다

 오늘 잡은 것은 우묵한 곳에 지구가 그려진 수저, 떠들썩한 지구의 주파수가 잡힌다, 동과 서, 남과 북, 대륙과 해양이 날을 세운 지구 위에 밥을 얹으며, 세계 곳곳에 기거起居하는 문명이 무사하기를

 수저가 나르는 양식이 삶을 배부르게 하는 힘이고, 수저를 잡는 일이 희망을 주문하는 의식儀式이라면, 수저를 모두 푸른 깃발이라 이름한다

숟가락 잡으며 경배드린다, 불안을 기대로 바꾸는 법 물려받아, 식탁에는 기회가 항상 넉넉히 준비되어 있으니

천원짜리 기획

객차 문이 열리고 하얀 비닐봉지 든 40대 남자, 마른 편으로 멀쩡하다, 노약자석에 앉아 있는 두 여자에게 다가간다, 암에 걸렸다며 천원 요구한다, 한 여자 천원 준다
남자 중얼거린다 —천사는 천국으로

옆에 앉은 여자에게 요구한다, 여자가 자는 체 하자
남자 중얼거린다 —악마는 지옥으로

그가 두 여자 사이에 앉는다, 비닐 팩 빨며 악마를 흘끔거린다, 휴지를 지옥행 여자 뒤에 던진다, 팔꿈치로 창틀 친다, 그녀가 다른 객차로 건너가다 묻는다, 카드결제 되나요?

지하철에 강림한 신
보이지 않는 힘들이 바둑판 속 천원天元을 차지하는 세상
더 이상 내려갈 수 없는 생계의 지하에서 스스로 신의 자리에 올라간 그

그에게 천원千圜이란 빛이요 희망이요 최고의 선, 천사와 악마를 알아보는 확실한 증거, 천국행과 지옥행을 가르는 기준

신의 자리에 선 그, 절망에서 빠져나올 사다리 잡은 것인지 인간의 경계 넘은 것인지, 그가 지금 근처에 있다

육소기다 정묘체 肉少氣多 精妙體*

    그가 나를 오행의 수화목금토 중 쇠금이라 명명한다, 물렁한 살과 가는 뼈, 충격에 약하고 바이러스에 무력한 나, 어디에 쇠금이 숨었을까

    —나의 쇠는 내구성 우수할까, 고유비중 있을까, 변형 가능할까, 광택 지니며 열과 빛 반사할까, 가공 시간 많이 들까

    부대끼고 끓으며 살아가는 날들이 담금질이다, 마음은 유연해지는데 몸이 굳는다

    윗몸일으키기, 물구나무서기, 팔굽혀펴기, 들숨날숨 조절하며 골격 부드럽고 생기 가득 몸만들기

    제련되지 않은 내 몸의 쇠붙이를 꺼낸다, 용광로에 불붙인다, 끓는 쇳물을 肉少氣多 精妙體 틀에 붓는다, 게으름 이기기, 핑계 뛰어넘기, 부단한 수행이 받을 몫이다

* 육소기다 정묘체 : 균형 잡힌 살은 적고 생기가 많은 체형.

밍기뉴* 귀환하다

밧줄에 묶었다, 고지식한 남편과 히피 철학자를 꿈꾸는 아들, 당기는 대로 끌려가지 않으려 버티는 사이

말하는 나무가 사라졌다, 뭉게구름 뜬 아침이 사라졌다, 밧줄에 매달려 중심이 흔들렸다, 편두통과 소화불량에 시달렸다

고관절 아파 골고다 언덕 같은 하루를 걸을 수 없을 때, 결막염에 걸려 활짝 핀 마가렛 볼 수 없을 때, 나를 지지해 줄 말하는 나무가 없다

지하 동굴 같은 우울의 매듭 풀고 또 풀었다, 송골매 같은 시력 회복하고 무릎 근력 길렀다, 기다림은 때가 되어야 응답하는가

남편이 돌아왔다, 경전 읽고 클래식 음악 듣는다, 아들이 돌아왔다, 그림 그리고 춤을 춘다, 시를 읽으며 깊은 호흡하는 나, 말하는 나무가 돌아왔다

* 밍기뉴 : 『나의 라임오렌지 나무』에서 말하는 나무.

돌멩이와 핀

   오늘 나는 말의 무게 달아본다, 빠르게 쏟아낸 말 속에 돌멩이와 핀이 들어 있다

   움직일 때마다 귓속 콕콕 찌른다, 거리의 밝고 가벼운 모습들이 멀어지고, 통증이 나를 지배한다

   돌멩이와 핀을 더듬어본다, 왜 좁고 캄캄한 곳에서 뒹구는지, 원하는 것이 무엇인지

   예기치 못한 침입자 몰아내기 위해, 먼저 말의 무게 내려놓고 감정이 펼치는 幻影의 껍데기 벗겨 나간다

   서로 다른 것을 견딜 수 없었던 돌멩이와 핀을 풀어준다

   기울어진 고개 돌아오고, 진열장에 놓인 칼랑코에 한 묶음과 아이의 손에 들린 스마일 풍선 다가온다

예술가 히아신스

 구근 속에 잠자는 이름 깨운다, ―히아신스
 둥근 구체에서 뻗어 나오는 기운, 해마다 하나의 완성 위해 대지 속 작업실에서 골몰하고, 높은 줄기 향해 깊은 뿌리 내리려 미로 더듬는 중

 더 큰 세상으로 나아가는 너, 한 고개 넘지 않으면 다음 고개 보이지 않아, 달리고 넘어지고 구르면서 비탈 오르내리지, 장애물넘기, 침묵 기르기, 내면의 소리에 귀 기울이기, 이 시간도 가고자 하는 곳으로 가고 있는 중

 상상하라, 온몸으로 다가가는 순례의 길에서 추위 이기고 피어난 꽃, 전율로 퍼지는 향기 너의 의지가 원하는 형상 찾는 날. 너의 기도가 오묘한 색채와 향기로 드러날 순간, 영혼 속 美의 존재 드러난 순간

나 없고, 영원 없고, 순간 있는 날

'이음카페' 창밖에는 지하도에서 나오는 인파, 거리 공연 찍는 중년 여자, 법복 입은 스님, 쌍쌍 모여드는 젊은이들, 같은 보도 밟으며 나만의 시대, 나만의 세계 걷고 있지
  세 개의 기둥 받친 지구의_{地球儀} 아래 희노애락애오욕 드라마 상영되는 곳
  현수막에는 ─지금 이 순간을 느껴라, 영원이 그 순간 속에 있다

  영원과 놀던 시절 떠올라
  아름드리 팽나무 숲에 누워 그늘에 감도는 느리고 깊은 숨소리 듣던 날
  경포해변에 앉아 뭉게구름이 펼치는 그레고르 드라마 감상하던 날
  함박눈 내리는 반달마을에서 천왕성마을까지 걸어가던 날
  처음 어머니와 기차 타고 외가에 가던 날

  전조등 한쪽 눈 깜박이는 사이, 반짝이는 구슬 찾아 밖으로 밖으로 달리고, 환영 좇아 쥐라기 해저에 잠수하고, 착

각에 눈멀어 암흑성운 떠돌다
　진열장에서 반질거리는 모닝빵
　티라미수 향에 실려 오는 '집시의 노래'가 시선을 안으로 안으로 불러와
　고요하고 평화로운 의자와 마주하는 날
　나 없고, 영원 없고, 순간 있는 날

　운동과 정지의 반복 속에서 시간의 손바닥 맴도는 드라마, 늙지 않는 유리창이 물끄러미 보고 있지

신명옥의 시세계

겹쳐짐의 시학

전소영

신명옥의 시세계

겹쳐짐의 시학

전소영

(문학평론가)

심안과 잠영

 헤어질 시간입니다. 도사렸던 어둠이 빛에 쓸려나가고 커튼이 움직일 기척을 내면 스크린이 꺼진다는 신호입니다. 이제 걸쳐두었던 기억과 의탁했던 감정을 챙겨 현실 쪽 출구로 걸음을 옮기면 됩니다. 다만 불 꺼진 저 화면을 충분한 박수와 환호로도 못내 보내기 싫어졌다면 조금 전 작별을 고한 장면들이 당신 안의 무언가를 점화시켰기 때문입니다. 우리는 쉽게 자리에서 일어서지 못하게 된 채로, 끊어질 듯 이어지는 엔딩 크레딧처럼 저마다의 기억을 오래 길어 올리고 싶어질지 모릅니다. 그러다 문득 심연에 가장 오래 품어온 은밀한 순간을 텅 빈 백색 막에 영사하기 시작할 수도 있겠습니다. 여기 그것을 가능하게 하는 '스크린'이 있습니다.

'해저 스크린'이라 합니다. 해저 '스크린'이고, '해저' 스크린입니다. 무엇이든 투영할 수 있게끔 백색이 되었으되 여하한 해파에도 동요 없도록 심해에 드리워진 막. 이 묵직한 명명에는 시(인)의 향방 내지 시심詩心의 좌표가 짙게 기입되어 있습니다. 덕분에 이 시집을 끌고 갈 마음의 정체를 알았습니다.

저는 해저에 가라앉은 배올시다. 세상을 보이는 대로밖에 볼 줄 몰랐기 때문입지요. 이곳은 화산섬인 산살바도르 옆쪽이거나 사마나 산호초 섬 뒤편일지 모릅니다. 석회질이 하얀 이끼처럼 바위를 두껍게 둘러싸고 있습니다. 삼백오십 년 깨어나지 않는 코끼리거북이가 보입니다

보는 법 익히고 있습니다. 어른거리는 물그림자와 어둠이 반복됩니다. 붉은 게가 눈을 잠망경처럼 뽑고 달아납니다. 그 뒤를 다리 잘린 문어가 기어갑니다. 바라쿠다가 날카로운 이빨로 달려듭니다. 놀란 몸짓만큼 물의 지느러미도 출렁입니

다. 물결 따라 바위가 움직입니다. 코끼리거북이가 바위를 올라갑니다

  제가 일으킨 소용돌이 보입니다. 공기에도 지느러미가 있는 것을 알겠습니다. 빨갛고 파란 사슴뿔산호 사이로 열대어 떼, 둥글게 말리며 모여들다 흩어지고 어디론가 몰려갑니다. 물의 지느러미를 코끼리거북이가 따라갑니다

  사유의 프로펠러 돌기 시작합니다. 제가 일으킨 파장을 보았습지요. 가야 할 곳 떠오릅니다. 백상어섬 살금살금 지나, 난파선 무덤을 돌아, 캄캄한 맹그로브 숲을 빠져나가고 있습니다. 빛의 지느러미로 어둠의 안쪽을 읽는, 달의 마을 찬드라푸르에 닿을 것입니다

—「해저 스크린」전문

"해저에 가라앉은 배"가 말하는 시입니다. 침몰의 이유가 "세상을 보이는 대로밖에 볼 줄 몰랐기 때문"이라 합니다. 보이도록 장치된 것을 이견 없이 보아왔을 뿐, 그 이면에 무감했다는 이야기도 되겠습니다. 사람의 일이라는 것이 실은 그렇습니다. 우리에게는 육안肉眼과 심안心眼이라 불리는 두 개의 눈이 있어, 앞의 것으로는 세계의 낮을 갈무리하고 뒤의 것으로는 세계의 밤까지도 헤아릴 수 있는 것입니다. 다만 사람이

라면 종종 육안의 인력으로 빛에 현혹되어 어둠을 놓치곤 합니다. 해서 시인이려는 사람이라면 심안의 기민함이 육안의 것을 웃돌도록 연마합니다. 빛이 거둬가려는 그림자를 보고 그늘 안쪽에서도 빛을 발명하기 위해, 옮긴 시의 말을 빌리자면 "빛의 지느러미로 어둠의 안쪽을 읽"으려 차라리 "눈 잃고 심안 얻은 후"(「어슬렁어슬렁」)를 기약할 것입니다. 시인이 이 시집을 통해 기꺼이 감당하기로 한, 지난하되 다감한 노고입니다.

  그러니 가라앉은 배, 그래서 가라앉은 배였습니다. 앞서 침몰이라 적었으나 이렇게 번복하겠습니다. 심안을 뜨려 잠수한 배입니다. 배를 그려내는 것으로도 족했을 텐데, 배로 발설한 이유를 비로소 알겠습니다. 자임한 의지이니 스스로 말해야 옳을 것입니다. 그 의지를 더없이 육중한 닻 삼아 배는 바다 가장 깊숙한 곳으로 내려왔습니다. 배와 바다라면 몇 년 전부터 모두에게, 기억과 망각의 무람없는 아귀다툼으로부터 지켜내야 할 가장 아픈 진실의 이름이 되었습니다. 이 시는 그와 같은 외연으로까지 확장되면서 배의 방백을, 어떤 결의를 다지는 시인의 음성으로 듣게 합니다. 하여 이 시는 하나의 시론처럼 닿아옵니다.

  "보는 법 익히"려 머무는 중이라 했습니다. 육안으로도 붉은 게와 문어와 바라쿠다, 물결과 바위는 담을 수 있겠습니다. 그러나 심안의 역할이라면 조금 다른 층위의 것입니다. 붉은 게와 뒤를 따르는 문어, 문어에게 달려드는 바라쿠다, 그에 놀라 일렁거리는 물의 지느러미, 거기 스쳐 움직이는 바위와 거북의 연쇄를 보는 것. 작고 잘 보이지 않는 존재들의 삶이 실은 모두 모종의 관계 안에 있음을, 내가 일으킨 "파장"이 타자에게 미친다는 사실을 아는 것.

고단한 정지와 연마의 끝에 배는 이 '새로 보는 법'을 장착합니다. 자, 이제 "사유의 프로펠러"를 돌리는 배-시인의 잠영이 시작될 것입니다. 해저 스크린에 잊히면 안 될 삶의 장중한 풍광들이 영사될 예정입니다. 어쩌면 멀고 깊은 바다 한복판, 어둠 속 타자의 아픔을 수면 위로 밀어 올릴 수도 있을 것 같습니다. 그리고 이 문장 안에서 여전히 당신과 만나고 있는 나는, 우리가 이 스크린 앞을 쉽게 떠날 수 없는 관객임을 직감하고 있습니다.

순간 수집가

시는 그 자체로 찰나의 형식이면서, 존재의 한순간을 잊을 수 없는 것으로 머물게도 합니다.[1] 우리가 자주 시에 매료되는 까닭이 거기 있을 것입니다. 일순 스쳐가는 온기에 마음이 붙들리는 겨울날처럼, 자비 없는 시간의 궤도 위에 문득 삶이 정박되길 바라는 순간이 있습니다. 잠시일 뿐일지라도 그 순

---

[1] 밀란 쿤데라, 『불멸』, 김병욱 역, 1992, 40쪽.

간엔 관성에 결박되었던 일상이 서정적으로 정지하고, 삶은 권태로부터 놓여날 기미를 보이는 까닭입니다. 배려심 많은 시의 존재방식이란 그와 같을 것입니다. 빛처럼 짧고 강렬한 제 몸에 존재의 한순간을 담아내어 우리의 인식을 오래 정박시키는 것. 그런 시라면 영원한 순간입니다.

  그것을 염두에 두기라도 한듯, 이 시집에는 좀처럼 간취되기 어려운 경계(적 순간)들, "生과 死의 틈에 정지된 영역"(「플라스틱 탄알」)이라든가 "빛과 어둠 사이 갈라진 틈"(「수월관음도」) 등이 자주 갈무리되어 있습니다. 한 편의 순간 수집가-시를 옮깁니다.

  '이음카페' 창밖에는 지하도에서 나오는 인파, 거리 공연 찍는 중년 여자, 법복 입은 스님, 쌍쌍 모여드는 젊은이들, 같은 보도 밟으며 나만의 시대, 나만의 세계 걷고 있지
  세 개의 기둥 받친 지구의地球儀 아래 희노애락애오욕 드라마 상영되는 곳
  현수막에는 ―지금 이 순간을 느껴라, 영원이 그 순간 속에 있다

  영원과 놀던 시절 떠올라
  아름드리 팽나무 숲에 누워 그늘에 감도는 느리고 깊은 숨소리 듣던 날

경포해변에 앉아 뭉게구름이 펼치는 그레고르 드라마 감상하던 날
　　함박눈 내리는 반달마을에서 천왕성마을까지 걸어가던 날
　　처음 어머니와 기차 타고 외가에 가던 날

　　전조등 한쪽 눈 깜박이는 사이, 반짝이는 구슬 찾아 밖으로 밖으로 달리고, 환영 좇아 쥐라기 해저에 잠수하고, 착각에 눈멀어 암흑성운 떠돌다
　　진열장에서 반질거리는 모닝빵
　　티라미수 향에 실려 오는 '집시의 노래'가 시선을 안으로 안으로 불러와
　　고요하고 평화로운 의자와 마주하는 날
　　나 없고, 영원 없고, 순간 있는 날

　　운동과 정지의 반복 속에서 시간의 손바닥 맴도는 드라마, 늙지 않는 유리창이 물끄러미 보고 있지
　　　　　　―「나 없고, 영원 없고, 순간 있는 날」 전문

　화자가 머무르는 곳은 (카페의) 창이라는 경계입니다. 시간의 경계라 해도 무방할 것입니다. 심안을 뜨기 위해 심해에 정지하기로 한 배처럼 그는 일상을 속도의 효율성 안에 두려는 속세의 궁리로부터 멀어져 있습니다. 그래서일 것입니다.

그는 나무의 숨을 듣고 구름의 드라마를 감상하며 해저에 잠수하거나 암흑성운 떠도는 환영도 마다치 않는 우주적 몽상을 기꺼이 감행합니다.

그러자 '나'에게는 창 너머 "거리 공연 찍는 중년 여자, 법복 입은 스님, 쌍쌍 모여드는 젊은이들"이 좀 다르게 바라보입니다. 천편일률적인 생애에 몸 싣기 바쁜 군중이 아니라 "같은 보도 밟으며 나만의 시대, 나만의 세계 걷고 있"는 개별자들로 여겨진 것입니다. 응시라 했으나 발견이라 적는 것이 더 옳겠습니다. 같은 시간을 걷는 사람들이 저마다 다르게 영위하는 내적 순간을 바라보는 일, 말하자면 동시성 안에 기입된 비동시성을 알아차리는 일. 이것은 당연해보이지만 녹록치 않은 발견입니다.

이 시를 그저 군중과 분리된 화자가 어떤 위계의 상부에서 창밖의 삶을 가치 평가하는 것으로만 읽을 수도 있지만, 그것은 충분치 않은 접근이 될 것입니다. 화자가 한 덩어리의 사람들로부터 개체로서의 타자들을 변별해냈고, 그들의 희노애락애오욕 드라마가 치열하게 상연하는 순간을 포착했기 때문입니다. 이 시에서 순간의 수집이란, 이렇듯 타자 인식의 발명과 맞닿아 있습니다. 일부가 서序로 쓰인 이유를 알 것 같습니다. 시(인)의 존재론에 관한 시로 읽었습니다.

바다 위에 떠 있는 붉은 공 하나

강아지 밥을 주던 모자 쓴 까칠한 남자가
의자에 앉아 줄담배 피는 눈두덩 검은 여자가
불콰한 얼굴로 부둥켜안은 중년 남녀가
철망에 기댄 국적 다른 연인이
길거리에 나온 횟집 주인이
둑 위에 길게 정지한 채
함께 바라보는 저편

바다에 떠 있는 탱탱한 볼 하나
그 위로 날아가는 비행기
비행기 따라가는 물새 두 마리

어선 한 척
수평선 들어 올리며 다가오는 사이
능청스런 저녁이 공을 잡아 뒷주머니에 집어넣고
바다와 방파제와 철망을 가로질러 달아나는 저편
어둠 속으로 번지는 불빛

빛과 어둠이 공을 주고받는 동안
경계가 다른 生으로
수없이 나타났다 사라지는 얼굴들

―「공놀이」 전문

　찰나 수집가로서 시인의 지향이 더 애틋하게 돌올해진 시를 옮겼습니다. 해질녘 바다의 먹먹한 풍경이 담겨 있습니다. 저녁의 바다란, 떠나기를 아쉬워하는 빛과 그를 몰아내려는 어둠의 각축장입니다. 그 힘의 길항을 시인은 공놀이라는 표현을 통해 생생하게 그려두었습니다. 그것으로도 충분히 아름다웠을 것입니다.

　그러나 시가 더욱 주력하여 수집하고 있는 것은 그 공놀이를 함께 감상하는, 낯선 얼굴들입니다. 서로에 대해 알 리 없는 그들은, 땅거미처럼 짙은 애환과 시름을 매한가지로 지닌 채 빈 마음을 석양빛에 쪼이고 있는 중입니다. 이제 이 시는 각기 다른 방향으로 삶을 움직여가던 이들의 걸음이 합쳐지고 멈춘 시공, "빛과 어둠이 공을 주고받는 동안/ 경계가 다른 生으로/ 수없이 나타났다 사라지는 얼굴들"의 순간입니다. 타자들을 분리불가분한 존재로 바라보려는 것, 그 시선의 자리에서 시를 빚어내려는 심산. 이 시인의 시에서 시적인 것들은 이런 순간에 고입니다. 그래서 이 아름다운 정의가 가능했을 것입니다. "사랑이란 극복될 수 없는 외로움이 상처 무릅쓰고 만나는 일"(「피그말리온의 연인」). 이쯤에서 순간 수집가-시인이 지닌 의지의 심부로 걸어 들어가 보겠습니다.

당신과 나의 성좌

   시집 곳곳에 충실하게 자리 잡은 서술어 "(들여다)본다"로부터 우리는 사위의 존재들을 놓치지 않으려는 시인의 절실한 마음을 간취할 수 있습니다. 그저 눈길을 주는 것이 아니라, 마음의 깃을 섬세하게 파고들어 존재의 내면을 투시하고자 하는 것, 이것이야말로 '들여다보는' 시인의 일일 것입니다. 다만 '보는' 행위란 응당 관심과 관음증 사이에서 진자운동 하기 마련입니다. 특히 고통을 지닌 누군가가 눈앞에 있을 때, 나-타자의 관계에 대한 숙고 없이 그를 관망한다면 그것은 필시 후자의 폭력으로 기울어가기 마련입니다. 그러나 다행스럽게도, 이 시집은 그와 같은 함정에서 비껴서 있습니다. 그 까닭을 짚기 위해서 시집의 진입로로 돌아가야겠습니다.

    그 남자는 바빌로니아 점성술책을 넘기며 말한다
    별자리를 보면 운명을 알 수 있다고
    내 별자리인 사자자리 별점 들여다본다
    태양이 뜨거나 달이 지는 것처럼 별의 관계로 시작된 인연
    새벽하늘에 혜성이 나타나고
    고비사막에 비가 내리는 것은
    때가 되어야 찾아오는 것
    나를 세우고 무너지게 하는 것이 별자리 힘이라면

> 나를 가두는 불안의 미궁도
> 내가 오르는 갈망의 언덕도
> 나의 의지로 가는 것이 아니구나
> 벗어날 수 없는 별자리와 나의 숙명을
> 그 남자는 델포이신탁 같은 말로 설명하는데
> 어둠 속에서 내려다보는 별들이 내 영혼의 본체라면
> 이제 내 발목을 묶은 두려움의 매듭을 풀 것이다
> 빛과 어둠을 동시에 주는 별들이 바라는 바도 그럴 것이다
>
> ─「별점을 치다」 전문

남자의 별점에 기대어 운명을 점친 '나'는 "나를 세우고 무너지게 하는 것이 별자리 힘"이라 단언합니다. 얼핏 스스로를 정해진 운명 안에 이견 없이 두겠다는 순응 내지 포기의 발설처럼도 들립니다. 다만 별이 아니라, 별'자리'라 했습니다. 이것으로 우리는 화자가 믿는 운명의 본질을 다시 짐작해 볼 수 있습니다.

종종 오인되는 것 같지만 인간은 누구나 개체로서 세계에 머무는 존재일 수 없습니다. 우리는 날 때부터 성좌에 위치 지어진 채, 사위의 사람들 내지 사물들과 모종의 관계를 이루며 살아갑니다. 어쩌면 하늘에 혜성이 나타나고 사막에 비가 내리는 일마저도, 우연이라기보다는 우주 만물이 얽힌 방식과 맺은 인연에 따라 기약된 필연일 것입니다. "벗어날 수 없

는 별자리와 나의 숙명"이란 그런 것입니다.

그러니 "나를 가두는 불안의 미궁도/ 내가 오르는 갈망의 언덕도/ 나의 의지로 가는 것이 아니"라는 말, 체념처럼 보이나 실은 어떤 결심입니다. '나'의 운명은 '나'라는 존재가 지닌 독자적 의지보다는 세계라는 성좌 위에서 내가 점유하고 있는 위치로 가늠된다는 것, 말하자면 타자들과 연관된 방식이 곧 내 미래의 표지가 되리라는 것. 이제 '나'는 '너와 나'가 함께하는 미래의 행로를 그리고 그것으로 불투명한 앞날이 발목에 묶어 둔 "두려움의 매듭"을 풀 것입니다. 유한한 삶을 살아가는 존재에게 운명이 부여한 "빛과 어둠"이기도 합니다.

이와 같은 인식론은 시집에 곧잘 지시되거나 암시되는 우파니샤드의 가르침을 환기시킵니다. 그 광대무변한 진리에 관해서야 여기서 다 헤아릴 수 없겠지만, 우리는 적어도 시집에 갈무리 된 나-타자의 관계가 경전의 징수인 범아일여梵我一如와 연관되어 있음을 짐작할 수 있습니다. 다소 범박하게 말하면, 거기에는 우주의 근본 원리로서 궁극적 실재(브라만)가 있고 "이 세상의 모든 존재는 그의 신적인 광채를 나누어 받은 그의 조각들"(아트만)[2]이라는 함의가 담겨 있습니다. 이런 것입니다. 우리를 빠르게 쥐고 흔드는 세속적 역학 안에서 허

---

2) 「슈베타슈바타라 우파니샤드」, 4장 10절. 이하 이 글에서 참고한 우파니샤드의 가르침은 정창영이 옮긴 『우파니샤드』(무지개다리너머, 2016)에서 가져왔음을 밝혀둡니다.

덕이며 대개가 망각하고 있지만 우리는 예외 없이 신성한 본성을 내재한 존재입니다. 더욱이 그 신성한 것이 브라만의 슬하에서 비롯된 까닭에 우리는 연결되어 있습니다.

시들은 지극히 숭고하면서도 더할 나위 없이 소박한 이 진리를 날 것 그대로 발화하지 않고 그것을 깨달아 실천하려는 주체 '나'를 통해 '보여줍니다.' 덕분에 우리는 그의 수행 과정을 추체험하며 진리를 듣기보다 '느낄 수 있게' 되었습니다. 종종 생경한 단어들의 진열로 이루어진 이 시집을, 그럼에도 경전이 아닌 시로 철저히 만날 수 있는 이유가 여기 있습니다.

그녀가 출가出嫁했다. 함께 살아온 침대와 책상, 쓰던 것들 그대론데, 내 안에서 환한 기운 빠져나갔다

화원 앞 지나다 잎과 꽃이 하트형인 안스리움, 꽃잎이 싱싱해서 두 팔에 안고 왔다, 낯선 곳에서도 새록새록 나오는 잎, 윤기 흐르는 잎에 비친다, 홀로 두고 온 어머니

어머니에게 받은 낙원樂園 딸에게 건넸다, 출가란 또 하나의 낙원 이루는 일

그날 어머니도 내게서 출가했다. 출가란 불문不問의 세계에서 나를 비우고 타자와 하나 되는 일

잠시 세상에 머무는 목숨들, 본래 나 없고 내 것 없으니
　　지금 곁에 피어나는 안스리움, 이 아름다운 순간 즐겨야 하는 것이니

　　두루마리처럼 말린 잎 펼치는 하트 사인, 내 곁에 있는 그녀에게, 나도 두 팔 올려 응답한다
　　　　　　　　　　　　　　　　　　　―「안스리움」 전문

　시집에서 가장 아름답게 글썽이는 시를 옮겼습니다. 여인이 있습니다. 지금은 누군가의 어머니이고, 언젠가는 누군가의 딸이었을 그녀의 목소리가 행들을 견인합니다. "그녀가 출가出嫁했다. 함께 살아온 침대와 책상, 쓰던 것들 그대론데, 내 안에서 환한 기운 빠져나갔다". 부재하는 딸, 잔존하는 딸의 흔적, 그 틈에서 비어져 나오는 공허가 물기 없이, 그래서 더 애잔하게 들려옵니다.
　여인의 외로움이 문득 여인을 그녀가 출가出嫁하던 날의 기억으로 이끌어갑니다. 자신의 출가出嫁로 딸로부터 출가出家하게 된 어머니의 그날. 딸 없는 실낙원의 헛헛함을 견디며 남은 생을 보내야 하는 어머니의 외로움이 시공을 넘어 비로소 정면으로 육박해옵니다. 지난날의 어머니와, 어머니가 된 나의 상실감이 아련하게 겹쳐집니다. 다만 고통(passion)으로

공명(compassion)하는 풍경에는 언제나 아름다움이 있습니다. 당신/나에게도 있었던 내밀한 슬픔이 나/당신에게도 있음을 아는 것, 우리가 실은 한없이 여린 존재라는 것. 거기서 비롯된 안쓰러움이라면 각자를 살게 하는 어떤 힘이 되기도 하는 것입니다. 그 힘이 시에는 '안스리움'으로 생생하게 개화해 있습니다. 그러고 보니 '우파니샤드upanishad'란 '함께하는 것(upa)'을 위한 진리이기도 했습니다.

안스리움의 유대

내 생의 무게만큼이나 타자의 생을 육중한 것으로 여겨야 한다는 것, 별자리 위에서 별들이 그러하듯 서로를 장악하지도 해치지도 않고 곁에 머물러야 한다는 것. 이 같은 시집의 전언은 비단 당신과 나, 인간 대 인간의 관계에만 국한된 이야기가 아닙니다. 우파니샤드에서 브라만을 나눠가진 타자란 전 방위의 존재입니다. 이를테면 우리의 내면과 자연의 현상도 실은 서로의 반영물이어서 나는 자연과 내밀하게 겹쳐질 수 있는 것입니다. 이를테면 나의 '안쓰러움'과 (일견 동명의 것으로 보이는) '안스리움' 꽃이 싱싱하게 포개지는 것처럼(「안스리움」).

해서 시집에는 우주적 몽상의 표상인 새와 꽃뿐만 아니라 만물과 조응하며 "뜰을 도는 동안 나무와 화초 이름 불렀을 뿐인데/ 영과 영이 대화를 나눈다는 생각 들었어"(「고광나무에 달꽃이 피었다 지는 동안」), 마음과 마음을 겹쳐내려는 '나'의 더없이 다감한 풍경이 펼쳐져 있습니다. 그것은 세상의 모든 나 아닌 존재가 나와 같은 위계에 머물러야 한다는—적어도 폭력적인 동일화로 인해 희생되거나 훼손되면 안 된다는 사유로부터 발원됩니다.

하여 시는 "게살 발라먹으며 누구나 (게를—인용자) 경배"(「꽃게의 수도원」)하거나 "발버둥치는 타자의 고통에서 내 몸의 생존 에너지 얻고 있는"(「특이점」) 인간의 삶에 관한 비판적 성찰로도 확장됩니다. 그러고는 말합니다. "위에 있는 것이나 옆에 있는 것이나/ 먼 데 있는 것이나 가까이 있는 것이나/ 보이는 것이나 보이지 않는 것이나/ 그 모든 것과 너는 무한한 사랑을 맺으라"(「학란鶴蘭꽃들의 우파니샤드」). 그러니 이제 우리, 이 시집을 투사지가 되기 위해 비워지는 "마음 닦는 순례자"(「반가사유상」)의 고단한 행로 그 자체로 보아도 좋을 것 같습니다. 수록된 많은 시들이 이 노고의 변주입니다.

> 모든 생명력이 줄어들어 죽음에 가까워질 때
> 0은 나를 찾아오지
> 마음은 땅 위에 두고 몸은 지하에 묻은 채
> 0 속에 들어간 나
> 기억은 연기가 되어 공중으로 날아가고
> 몸은 어둠 속에서 서서히 분해되지

살아 있으면서 0이 되는 꿈을 꾸고 있지

언제나 느껴지는, 흔들리는 존재와 홀로라는 수

하나에서 하나를 빼기 위해

나라는 욕망 내려놓고

꿈틀거리는 기억 뽑아놓고

아무것도 보이지 않고 들리지 않을 때까지

0 속으로 들어가지

처음엔 불안하고 두려워 어쩔 줄 모르지만

그것마저 놓아버릴 때

무한하고 영원하며 모든 것과 통하는,

비로소 본래의 0이 드러난다지

―「0에 관하여」 전문

  살아 있는 존재가 영점에 가까워진다는 것은 거의 불가능한 것입니다. 우리는 매 순간 삶을 장악하고 타자와의 관계를 휘청거리게 하는 소모적인 욕망과 감정들로부터 자유로울 수 없습니다. 그것들은 흡사 덫 같아 "무념無念, 무상無想", 즉 "無我"(「뉘죠?」)로 나아가려는 우리를 시시각각 붙듭니다. 그럼에도 '나'들은 기어이 "하나에서 하나를 빼기 위해/ 나라는 욕망 내려놓고/ 꿈틀거리는 기억 뽑아놓고/ 아무것도 보이지 않고 들리지 않을 때까지/ 0 속으로 들어가"는 "연습"을 기어이 하려는 것입니다.3) 이것이 "고요 자체인 나, 우주와 하나 된 자리"(「초은당招隱堂」), 즉 타자와 무한히 겹쳐질 수 있는 투사지가 되기 위한 연습이었음을 시집을 떠나는 우리는 이제 알고 있습니다.

  정말이지 헤어질 시간입니다. 잔뜩 도사렸던 어둠이 빛에 휩쓸려가고 기척도 없이 커튼이 움직이면 해저 스크린이 꺼진다는 신호입니다. 이제 각자 걸쳐두었던 기억과 의탁해두었던 감정을 빠짐없이 챙겨 현실 쪽 출구로 나가면 됩니다. 그러나 당신이 만약 불 꺼진 저 화면을 충분한 박수와 환호로도 못내 떠나보내기 싫어졌다면, 막 작별을 고한 앞선 장면들로 당신 안에서 뭔가 점화되었기 때문입니다. 우리는 쉽게 자리에서 일어나지 못한 채로 어떤 오래되고 은밀한 사랑의 기억을 영사하고 싶어질 지도 모릅니다. 그러다 문득 사랑이라는 이름으로 섣불리 내 고통 아래 당신의 고통을 두었던 어느 날까지 아프게 떠올릴 것입니다. 이 스크린, 어쩌면 은막이 아니라 투사지였는지도 모르겠습니다. 그리고, 이 문장 안에서 여전히 당신과 만나고 있는 나는 우리가 서로의 존재를 모르는 채로 곁을 밝히는 저 성좌의 별들 중 하나임을 알고 있습니다.▨

---

  3) 우파니샤드에서 말하는 근원적인 몸을 상기시키는 대목입니다. 우리에게는 물질적인 몸과 영혼의 몸(물질적인 몸이 행했던 것들을 기억하며 윤회하는 몸), 그리고 근원적인 몸이 있다고 합니다. 근원적인 몸은, 물질적인 몸이나 영혼의 몸이 아무리 많은 변화를 겪어도 그래도 남는 어떤 본질을 의미합니다. 이 시집에서라면 「물의 변신술」과 같은 시가 이 세 개의 몸에 대해 시사해줄 수 있을 것입니다. 그에 관한 이야기는 아쉬움 속에 미루어둡니다.

| 신명옥 |

전북 군산에서 출생하여, 강원도 강릉에서 성장했다. 강릉교대 및 상명사대 국어교육과를 졸업했다. 2006년 『현대시』로 등단했다.

이메일 : sappou8@hanmail.net

해저 스크린 ⓒ 신명옥 2017

초판 인쇄 · 2017년 1월 25일
초판 발행 · 2017년 1월 30일

지은이 · 신명옥
펴낸이 · 이선희
펴낸곳 · 한국문연

서울 서대문구 증가로 31길 39, 202호
출판등록 1988년 3월 3일 제3-188호
대표전화 302-2717 | 팩스 · 6442-6053
디지털 현대시 www.koreapoem.co.kr
이메일 koreapoem@hanmail.net

ISBN 978-89-6104-174-4 03810

값 9,000원

* 잘못된 책은 바꾸어 드립니다.

이 도서의 국립중앙도서관 출판시도서목록(CIP)은 서지정보유통지원시스템 홈페이지(http://seoji.nl.go.kr)와 국가자료공동목록시스템(http://www.nl.go.kr/kolisnet)에서 이용하실 수 있습니다.
(CIP제어번호: CIP2017000337)